BREWERY... _____

BEER NAME... _____

BEER STYLE... _____

LOCATION/EVENT... _____

☐ DRAFT	PRICE... _____
☐ BOTTLE	ABV... _____
☐ CAN	IBU... _____
☐ GLASS	RATING...
☐ OTHER	

NOTES:

BREWERY... _____

BEER NAME... _____

BEER STYLE... _____

LOCATION/EVENT... _____

PRICE... _____

ABV... _____

IBU... _____

RATING...

☐ DRAFT

☐ BOTTLE

☐ CAN

☐ GLASS

☐ OTHER

NOTES:

BREWERY... _____

BEER NAME... _____

BEER STYLE... _____

LOCATION/EVENT... _____

PRICE... _____

ABV... _____

IBU... _____

RATING...

- ☐ DRAFT
- ☐ BOTTLE
- ☐ CAN
- ☐ GLASS
- ☐ OTHER

NOTES:

BREWERY... _____

BEER NAME... _____

BEER STYLE... _____

LOCATION/EVENT... _____

PRICE... _____

ABV... _____

IBU... _____

RATING...

- ☐ DRAFT
- ☐ BOTTLE
- ☐ CAN
- ☐ GLASS
- ☐ OTHER

NOTES:

BREWERY... _____

BEER NAME... _____

BEER STYLE... _____

LOCATION/EVENT... _____

PRICE... _____

ABV... _____

IBU... _____

RATING...

- ☐ DRAFT
- ☐ BOTTLE
- ☐ CAN
- ☐ GLASS
- ☐ OTHER

NOTES:

BREWERY... _____

BEER NAME... _____

BEER STYLE... _____

LOCATION/EVENT... _____

☐ DRAFT

☐ BOTTLE

☐ CAN

☐ GLASS

☐ OTHER

PRICE... _____

ABV... _____

IBU... _____

RATING...

NOTES:

BREWERY... _____

BEER NAME... _____

BEER STYLE... _____

LOCATION/EVENT... _____

- [ ] DRAFT
- [ ] BOTTLE
- [ ] CAN
- [ ] GLASS
- [ ] OTHER

PRICE... _____

ABV... _____

IBU... _____

RATING...

NOTES:

BREWERY... _____

BEER NAME... _____

BEER STYLE... _____

LOCATION/EVENT... _____

PRICE... _____

ABV... _____

IBU... _____

RATING...

- [ ] DRAFT
- [ ] BOTTLE
- [ ] CAN
- [ ] GLASS
- [ ] OTHER

NOTES:

BREWERY... _____

BEER NAME... _____

BEER STYLE... _____

LOCATION/EVENT... _____

PRICE... _____

ABV... _____

IBU... _____

RATING...

- [ ] DRAFT
- [ ] BOTTLE
- [ ] CAN
- [ ] GLASS
- [ ] OTHER

NOTES:

BREWERY... _____

BEER NAME... _____

BEER STYLE... _____

LOCATION/EVENT... _____

PRICE... _____

ABV... _____

IBU... _____

RATING...

- [ ] DRAFT
- [ ] BOTTLE
- [ ] CAN
- [ ] GLASS
- [ ] OTHER

NOTES:

BREWERY... _____

BEER NAME... _____

BEER STYLE... _____

LOCATION/EVENT... _____

PRICE... _____

ABV... _____

IBU... _____

RATING...

- ☐ DRAFT
- ☐ BOTTLE
- ☐ CAN
- ☐ GLASS
- ☐ OTHER

NOTES:

BREWERY... _____

BEER NAME... _____

BEER STYLE... _____

LOCATION/EVENT... _____

☐ DRAFT

☐ BOTTLE

☐ CAN

☐ GLASS

☐ OTHER

PRICE... _____

ABV... _____

IBU... _____

RATING...

NOTES:

BREWERY... _____

BEER NAME... _____

BEER STYLE... _____

LOCATION/EVENT... _____

PRICE... _____

ABV... _____

IBU... _____

RATING...

- ☐ DRAFT
- ☐ BOTTLE
- ☐ CAN
- ☐ GLASS
- ☐ OTHER

NOTES:

BREWERY... _____

BEER NAME... _____

BEER STYLE... _____

LOCATION/EVENT... _____

☐ DRAFT

☐ BOTTLE

☐ CAN

☐ GLASS

☐ OTHER

PRICE... _____

ABV... _____

IBU... _____

RATING...

NOTES:

BREWERY... _____

BEER NAME... _____

BEER STYLE... _____

LOCATION/EVENT... _____

PRICE... _____

ABV... _____

IBU... _____

RATING...

☐ DRAFT

☐ BOTTLE

☐ CAN

☐ GLASS

☐ OTHER

NOTES:

BREWERY... _____

BEER NAME... _____

BEER STYLE... _____

LOCATION/EVENT... _____

☐ DRAFT

☐ BOTTLE

☐ CAN

☐ GLASS

☐ OTHER

PRICE... _____

ABV... _____

IBU... _____

RATING...

NOTES:

BREWERY... _____

BEER NAME... _____

BEER STYLE... _____

LOCATION/EVENT... _____

PRICE... _____

ABV... _____

IBU... _____

RATING...

- ☐ DRAFT
- ☐ BOTTLE
- ☐ CAN
- ☐ GLASS
- ☐ OTHER

NOTES:

BREWERY... _____

BEER NAME... _____

BEER STYLE... _____

LOCATION/EVENT... _____

PRICE... _____

ABV... _____

IBU... _____

RATING...

- [ ] DRAFT
- [ ] BOTTLE
- [ ] CAN
- [ ] GLASS
- [ ] OTHER

NOTES:

BREWERY... _____

BEER NAME... _____

BEER STYLE... _____

LOCATION/EVENT... _____

PRICE... _____

ABV... _____

IBU... _____

RATING...

- ☐ DRAFT
- ☐ BOTTLE
- ☐ CAN
- ☐ GLASS
- ☐ OTHER

NOTES:

BREWERY... _____

BEER NAME... _____

BEER STYLE... _____

LOCATION/EVENT... _____

PRICE... _____

ABV... _____

IBU... _____

RATING...

- ☐ DRAFT
- ☐ BOTTLE
- ☐ CAN
- ☐ GLASS
- ☐ OTHER

NOTES:

BREWERY... _____

BEER NAME... _____

BEER STYLE... _____

LOCATION/EVENT... _____

- ☐ DRAFT
- ☐ BOTTLE
- ☐ CAN
- ☐ GLASS
- ☐ OTHER

PRICE... _____

ABV... _____

IBU... _____

RATING...

NOTES:

BREWERY... _____

BEER NAME... _____

BEER STYLE... _____

LOCATION/EVENT... _____

PRICE... _____

ABV... _____

IBU... _____

RATING...

☐ DRAFT

☐ BOTTLE

☐ CAN

☐ GLASS

☐ OTHER

NOTES:

BREWERY... _____

BEER NAME... _____

BEER STYLE... _____

LOCATION/EVENT... _____

PRICE... _____

ABV... _____

IBU... _____

RATING...

- [ ] DRAFT
- [ ] BOTTLE
- [ ] CAN
- [ ] GLASS
- [ ] OTHER

NOTES:

BREWERY... _____

BEER NAME... _____

BEER STYLE... _____

LOCATION/EVENT... _____

☐ DRAFT

☐ BOTTLE

☐ CAN

☐ GLASS

☐ OTHER

PRICE... _____

ABV... _____

IBU... _____

RATING...

NOTES:

BREWERY... _____

BEER NAME... _____

BEER STYLE... _____

LOCATION/EVENT... _____

PRICE... _____

ABV... _____

IBU... _____

RATING...

- [ ] DRAFT
- [ ] BOTTLE
- [ ] CAN
- [ ] GLASS
- [ ] OTHER

NOTES:

BREWERY... _____

BEER NAME... _____

BEER STYLE... _____

LOCATION/EVENT... _____

- ☐ DRAFT
- ☐ BOTTLE
- ☐ CAN
- ☐ GLASS
- ☐ OTHER

PRICE... _____

ABV... _____

IBU... _____

RATING...

NOTES:

BREWERY... _____

BEER NAME... _____

BEER STYLE... _____

LOCATION/EVENT... _____

PRICE... _____

ABV... _____

IBU... _____

RATING...

- ☐ DRAFT
- ☐ BOTTLE
- ☐ CAN
- ☐ GLASS
- ☐ OTHER

NOTES:

BREWERY... _____

BEER NAME... _____

BEER STYLE... _____

LOCATION/EVENT... _____

PRICE... _____

ABV... _____

IBU... _____

RATING...

- ☐ DRAFT
- ☐ BOTTLE
- ☐ CAN
- ☐ GLASS
- ☐ OTHER

NOTES:

BREWERY... _____

BEER NAME... _____

BEER STYLE... _____

LOCATION/EVENT... _____

- [ ] DRAFT
- [ ] BOTTLE
- [ ] CAN
- [ ] GLASS
- [ ] OTHER

PRICE... _____

ABV... _____

IBU... _____

RATING...

NOTES:

BREWERY... _____

BEER NAME... _____

BEER STYLE... _____

LOCATION/EVENT... _____

PRICE... _____

ABV... _____

IBU... _____

RATING...

- ☐ DRAFT
- ☐ BOTTLE
- ☐ CAN
- ☐ GLASS
- ☐ OTHER

NOTES:

BREWERY... _____

BEER NAME... _____

BEER STYLE... _____

LOCATION/EVENT... _____

PRICE... _____

ABV... _____

IBU... _____

RATING...

- [ ] DRAFT
- [ ] BOTTLE
- [ ] CAN
- [ ] GLASS
- [ ] OTHER

NOTES:

BREWERY... _____

BEER NAME... _____

BEER STYLE... _____

LOCATION/EVENT... _____

PRICE... _____

ABV... _____

IBU... _____

RATING...

- [ ] DRAFT
- [ ] BOTTLE
- [ ] CAN
- [ ] GLASS
- [ ] OTHER

NOTES:

BREWERY... _____

BEER NAME... _____

BEER STYLE... _____

LOCATION/EVENT... _____

- [ ] DRAFT
- [ ] BOTTLE
- [ ] CAN
- [ ] GLASS
- [ ] OTHER

PRICE... _____

ABV... _____

IBU... _____

RATING...

NOTES:

BREWERY... _____

BEER NAME... _____

BEER STYLE... _____

LOCATION/EVENT... _____

- ☐ DRAFT
- ☐ BOTTLE
- ☐ CAN
- ☐ GLASS
- ☐ OTHER

PRICE... _____

ABV... _____

IBU... _____

RATING...

NOTES:

BREWERY... _____

BEER NAME... _____

BEER STYLE... _____

LOCATION/EVENT... _____

PRICE... _____

ABV... _____

IBU... _____

RATING...

- [ ] DRAFT
- [ ] BOTTLE
- [ ] CAN
- [ ] GLASS
- [ ] OTHER

NOTES:

BREWERY... _____

BEER NAME... _____

BEER STYLE... _____

LOCATION/EVENT... _____

PRICE... _____

ABV... _____

IBU... _____

RATING...

- ☐ DRAFT
- ☐ BOTTLE
- ☐ CAN
- ☐ GLASS
- ☐ OTHER

NOTES:

BREWERY... _____

BEER NAME... _____

BEER STYLE... _____

LOCATION/EVENT... _____

PRICE... _____

ABV... _____

IBU... _____

RATING...

- [ ] DRAFT
- [ ] BOTTLE
- [ ] CAN
- [ ] GLASS
- [ ] OTHER

NOTES:

BREWERY... _____

BEER NAME... _____

BEER STYLE... _____

LOCATION/EVENT... _____

PRICE... _____

ABV... _____

IBU... _____

RATING...

- [ ] DRAFT
- [ ] BOTTLE
- [ ] CAN
- [ ] GLASS
- [ ] OTHER

NOTES:

BREWERY... _____

BEER NAME... _____

BEER STYLE... _____

LOCATION/EVENT... _____

PRICE... _____

ABV... _____

IBU... _____

RATING...

- [ ] DRAFT
- [ ] BOTTLE
- [ ] CAN
- [ ] GLASS
- [ ] OTHER

NOTES:

BREWERY... _____

BEER NAME... _____

BEER STYLE... _____

LOCATION/EVENT... _____

PRICE... _____

ABV... _____

IBU... _____

RATING...

- ☐ DRAFT
- ☐ BOTTLE
- ☐ CAN
- ☐ GLASS
- ☐ OTHER

NOTES:

BREWERY... _____

BEER NAME... _____

BEER STYLE... _____

LOCATION/EVENT... _____

- [ ] DRAFT
- [ ] BOTTLE
- [ ] CAN
- [ ] GLASS
- [ ] OTHER

PRICE... _____

ABV... _____

IBU... _____

RATING...

NOTES:

BREWERY... _____

BEER NAME... _____

BEER STYLE... _____

LOCATION/EVENT... _____

☐ DRAFT

☐ BOTTLE

☐ CAN

☐ GLASS

☐ OTHER

PRICE... _____

ABV... _____

IBU... _____

RATING...

NOTES:

BREWERY... _____

BEER NAME... _____

BEER STYLE... _____

LOCATION/EVENT... _____

- [ ] DRAFT
- [ ] BOTTLE
- [ ] CAN
- [ ] GLASS
- [ ] OTHER

PRICE... _____

ABV... _____

IBU... _____

RATING...

NOTES:

BREWERY... _____

BEER NAME... _____

BEER STYLE... _____

LOCATION/EVENT... _____

PRICE... _____

ABV... _____

IBU... _____

RATING...

- ☐ DRAFT
- ☐ BOTTLE
- ☐ CAN
- ☐ GLASS
- ☐ OTHER

NOTES:

BREWERY... _____

BEER NAME... _____

BEER STYLE... _____

LOCATION/EVENT... _____

PRICE... _____

ABV... _____

IBU... _____

RATING...

- [ ] DRAFT
- [ ] BOTTLE
- [ ] CAN
- [ ] GLASS
- [ ] OTHER

NOTES:

BREWERY... _____

BEER NAME... _____

BEER STYLE... _____

LOCATION/EVENT... _____

- [ ] DRAFT
- [ ] BOTTLE
- [ ] CAN
- [ ] GLASS
- [ ] OTHER

PRICE... _____

ABV... _____

IBU... _____

RATING...

NOTES:

BREWERY... _____

BEER NAME... _____

BEER STYLE... _____

LOCATION/EVENT... _____

PRICE... _____

ABV... _____

IBU... _____

RATING...

- [ ] DRAFT
- [ ] BOTTLE
- [ ] CAN
- [ ] GLASS
- [ ] OTHER

NOTES:

BREWERY... _____

BEER NAME... _____

BEER STYLE... _____

LOCATION/EVENT... _____

- [ ] DRAFT
- [ ] BOTTLE
- [ ] CAN
- [ ] GLASS
- [ ] OTHER

PRICE... _____

ABV... _____

IBU... _____

RATING...

NOTES:

BREWERY... _____

BEER NAME... _____

BEER STYLE... _____

LOCATION/EVENT... _____

PRICE... _____

ABV... _____

IBU... _____

RATING...

- [ ] DRAFT
- [ ] BOTTLE
- [ ] CAN
- [ ] GLASS
- [ ] OTHER

NOTES:

BREWERY... _____

BEER NAME... _____

BEER STYLE... _____

LOCATION/EVENT... _____

PRICE... _____

ABV... _____

IBU... _____

- [ ] DRAFT
- [ ] BOTTLE
- [ ] CAN
- [ ] GLASS
- [ ] OTHER

RATING...

NOTES:

BREWERY... _____

BEER NAME... _____

BEER STYLE... _____

LOCATION/EVENT... _____

PRICE... _____

ABV... _____

IBU... _____

RATING...

- ☐ DRAFT
- ☐ BOTTLE
- ☐ CAN
- ☐ GLASS
- ☐ OTHER

NOTES:

BREWERY... _____

BEER NAME... _____

BEER STYLE... _____

LOCATION/EVENT... _____

DRAFT

BOTTLE

CAN

GLASS

OTHER

PRICE... _____

ABV... _____

IBU... _____

RATING...

NOTES:

BREWERY... _____

BEER NAME... _____

BEER STYLE... _____

LOCATION/EVENT... _____

PRICE... _____

ABV... _____

IBU... _____

RATING...

- ☐ DRAFT
- ☐ BOTTLE
- ☐ CAN
- ☐ GLASS
- ☐ OTHER

NOTES:

BREWERY... _____

BEER NAME... _____

BEER STYLE... _____

LOCATION/EVENT... _____

PRICE... _____

ABV... _____

IBU... _____

RATING...

- ☐ DRAFT
- ☐ BOTTLE
- ☐ CAN
- ☐ GLASS
- ☐ OTHER

NOTES:

BREWERY... _____

BEER NAME... _____

BEER STYLE... _____

LOCATION/EVENT... _____

- [ ] DRAFT
- [ ] BOTTLE
- [ ] CAN
- [ ] GLASS
- [ ] OTHER

PRICE... _____

ABV... _____

IBU... _____

RATING...

NOTES:

BREWERY... _____

BEER NAME... _____

BEER STYLE... _____

LOCATION/EVENT... _____

PRICE... _____

ABV... _____

IBU... _____

RATING...

- ☐ DRAFT
- ☐ BOTTLE
- ☐ CAN
- ☐ GLASS
- ☐ OTHER

NOTES:

BREWERY... _____

BEER NAME... _____

BEER STYLE... _____

LOCATION/EVENT... _____

PRICE... _____

ABV... _____

IBU... _____

RATING...

- ☐ DRAFT
- ☐ BOTTLE
- ☐ CAN
- ☐ GLASS
- ☐ OTHER

NOTES:

BREWERY... _____

BEER NAME... _____

BEER STYLE... _____

LOCATION/EVENT... _____

PRICE... _____

ABV... _____

IBU... _____

RATING...

☐ DRAFT

☐ BOTTLE

☐ CAN

☐ GLASS

☐ OTHER

NOTES:

BREWERY... _____

BEER NAME... _____

BEER STYLE... _____

LOCATION/EVENT... _____

PRICE... _____

ABV... _____

IBU... _____

RATING...

- [ ] DRAFT
- [ ] BOTTLE
- [ ] CAN
- [ ] GLASS
- [ ] OTHER

NOTES:

BREWERY... _____

BEER NAME... _____

BEER STYLE... _____

LOCATION/EVENT... _____

PRICE... _____

ABV... _____

IBU... _____

RATING...

☐ DRAFT

☐ BOTTLE

☐ CAN

☐ GLASS

☐ OTHER

NOTES:

BREWERY... _____

BEER NAME... _____

BEER STYLE... _____

LOCATION/EVENT... _____

- [ ] DRAFT
- [ ] BOTTLE
- [ ] CAN
- [ ] GLASS
- [ ] OTHER

PRICE... _____

ABV... _____

IBU... _____

RATING...

NOTES:

BREWERY... _____

BEER NAME... _____

BEER STYLE... _____

LOCATION/EVENT... _____

☐ DRAFT
☐ BOTTLE
☐ CAN
☐ GLASS
☐ OTHER

PRICE... _____

ABV... _____

IBU... _____

RATING...

NOTES:

BREWERY... _____

BEER NAME... _____

BEER STYLE... _____

LOCATION/EVENT... _____

PRICE... _____

ABV... _____

IBU... _____

RATING...

- ☐ DRAFT
- ☐ BOTTLE
- ☐ CAN
- ☐ GLASS
- ☐ OTHER

NOTES:

BREWERY... _____

BEER NAME... _____

BEER STYLE... _____

LOCATION/EVENT... _____

PRICE... _____

ABV... _____

IBU... _____

RATING...

- ☐ DRAFT
- ☐ BOTTLE
- ☐ CAN
- ☐ GLASS
- ☐ OTHER

NOTES:

BREWERY... _____

BEER NAME... _____

BEER STYLE... _____

LOCATION/EVENT... _____

PRICE... _____

ABV... _____

IBU... _____

RATING...

- ☐ DRAFT
- ☐ BOTTLE
- ☐ CAN
- ☐ GLASS
- ☐ OTHER

NOTES:

BREWERY... _____

BEER NAME... _____

BEER STYLE... _____

LOCATION/EVENT... _____

PRICE... _____

ABV... _____

IBU... _____

RATING...

- ☐ DRAFT
- ☐ BOTTLE
- ☐ CAN
- ☐ GLASS
- ☐ OTHER

NOTES:

BREWERY... _____

BEER NAME... _____

BEER STYLE... _____

LOCATION/EVENT... _____

PRICE... _____

ABV... _____

IBU... _____

RATING...

- [ ] DRAFT
- [ ] BOTTLE
- [ ] CAN
- [ ] GLASS
- [ ] OTHER

NOTES:

BREWERY... _____

BEER NAME... _____

BEER STYLE... _____

LOCATION/EVENT... _____

PRICE... _____

ABV... _____

IBU... _____

RATING...

- ☐ DRAFT
- ☐ BOTTLE
- ☐ CAN
- ☐ GLASS
- ☐ OTHER

NOTES:

BREWERY... _____

BEER NAME... _____

BEER STYLE... _____

LOCATION/EVENT... _____

PRICE... _____

ABV... _____

IBU... _____

RATING...

- ☐ DRAFT
- ☐ BOTTLE
- ☐ CAN
- ☐ GLASS
- ☐ OTHER

NOTES:

BREWERY... _____

BEER NAME... _____

BEER STYLE... _____

LOCATION/EVENT... _____

PRICE... _____

ABV... _____

IBU... _____

RATING...

- ☐ DRAFT
- ☐ BOTTLE
- ☐ CAN
- ☐ GLASS
- ☐ OTHER

NOTES:

BREWERY... _____

BEER NAME... _____

BEER STYLE... _____

LOCATION/EVENT... _____

PRICE... _____

ABV... _____

IBU... _____

RATING...

☐ DRAFT

☐ BOTTLE

☐ CAN

☐ GLASS

☐ OTHER

NOTES:

BREWERY... _____

BEER NAME... _____

BEER STYLE... _____

LOCATION/EVENT... _____

- ☐ DRAFT
- ☐ BOTTLE
- ☐ CAN
- ☐ GLASS
- ☐ OTHER

PRICE... _____

ABV... _____

IBU... _____

RATING...

NOTES:

BREWERY... _____

BEER NAME... _____

BEER STYLE... _____

LOCATION/EVENT... _____

PRICE... _____

ABV... _____

IBU... _____

RATING...

- [ ] DRAFT
- [ ] BOTTLE
- [ ] CAN
- [ ] GLASS
- [ ] OTHER

NOTES:

BREWERY... _____

BEER NAME... _____

BEER STYLE... _____

LOCATION/EVENT... _____

PRICE... _____

ABV... _____

IBU... _____

RATING...

- ☐ DRAFT
- ☐ BOTTLE
- ☐ CAN
- ☐ GLASS
- ☐ OTHER

NOTES:

BREWERY... _____

BEER NAME... _____

BEER STYLE... _____

LOCATION/EVENT... _____

PRICE... _____

ABV... _____

IBU... _____

RATING...

- ☐ DRAFT
- ☐ BOTTLE
- ☐ CAN
- ☐ GLASS
- ☐ OTHER

NOTES:

BREWERY... _____

BEER NAME... _____

BEER STYLE... _____

LOCATION/EVENT... _____

PRICE... _____

ABV... _____

IBU... _____

RATING...

- [ ] DRAFT
- [ ] BOTTLE
- [ ] CAN
- [ ] GLASS
- [ ] OTHER

NOTES:

BREWERY... _____

BEER NAME... _____

BEER STYLE... _____

LOCATION/EVENT... _____

PRICE... _____

ABV... _____

IBU... _____

RATING...

DRAFT

BOTTLE

CAN

GLASS

OTHER

NOTES:

BREWERY... _____

BEER NAME... _____

BEER STYLE... _____

LOCATION/EVENT... _____

PRICE... _____

ABV... _____

IBU... _____

RATING...

- ☐ DRAFT
- ☐ BOTTLE
- ☐ CAN
- ☐ GLASS
- ☐ OTHER

NOTES:

BREWERY... _____

BEER NAME... _____

BEER STYLE... _____

LOCATION/EVENT... _____

PRICE... _____

ABV... _____

IBU... _____

RATING...

- [ ] DRAFT
- [ ] BOTTLE
- [ ] CAN
- [ ] GLASS
- [ ] OTHER

NOTES:

BREWERY... _____

BEER NAME... _____

BEER STYLE... _____

LOCATION/EVENT... _____

PRICE... _____

ABV... _____

IBU... _____

RATING...

- ☐ DRAFT
- ☐ BOTTLE
- ☐ CAN
- ☐ GLASS
- ☐ OTHER

NOTES:

BREWERY... _____

BEER NAME... _____

BEER STYLE... _____

LOCATION/EVENT... _____

☐ DRAFT

☐ BOTTLE

☐ CAN

☐ GLASS

☐ OTHER

PRICE... _____

ABV... _____

IBU... _____

RATING...

NOTES:

BREWERY... _____

BEER NAME... _____

BEER STYLE... _____

LOCATION/EVENT... _____

PRICE... _____

ABV... _____

IBU... _____

RATING...

- ☐ DRAFT
- ☐ BOTTLE
- ☐ CAN
- ☐ GLASS
- ☐ OTHER

NOTES:

BREWERY... _____

BEER NAME... _____

BEER STYLE... _____

LOCATION/EVENT... _____

PRICE... _____

ABV... _____

IBU... _____

RATING...

- ☐ DRAFT
- ☐ BOTTLE
- ☐ CAN
- ☐ GLASS
- ☐ OTHER

NOTES:

BREWERY... _____

BEER NAME... _____

BEER STYLE... _____

LOCATION/EVENT... _____

PRICE... _____

ABV... _____

IBU... _____

RATING...

☐ DRAFT

☐ BOTTLE

☐ CAN

☐ GLASS

☐ OTHER

NOTES:

BREWERY... _____

BEER NAME... _____

BEER STYLE... _____

LOCATION/EVENT... _____

- ☐ DRAFT
- ☐ BOTTLE
- ☐ CAN
- ☐ GLASS
- ☐ OTHER

PRICE... _____

ABV... _____

IBU... _____

RATING...

NOTES:

BREWERY... _____

BEER NAME... _____

BEER STYLE... _____

LOCATION/EVENT... _____

PRICE... _____

ABV... _____

IBU... _____

RATING...

- ☐ DRAFT
- ☐ BOTTLE
- ☐ CAN
- ☐ GLASS
- ☐ OTHER

NOTES:

BREWERY... _____

BEER NAME... _____

BEER STYLE... _____

LOCATION/EVENT... _____

PRICE... _____

ABV... _____

IBU... _____

RATING...

- [ ] DRAFT
- [ ] BOTTLE
- [ ] CAN
- [ ] GLASS
- [ ] OTHER

NOTES:

BREWERY... _____

BEER NAME... _____

BEER STYLE... _____

LOCATION/EVENT... _____

☐ DRAFT

☐ BOTTLE

☐ CAN

☐ GLASS

☐ OTHER

PRICE... _____

ABV... _____

IBU... _____

RATING...

NOTES:

BREWERY... _____

BEER NAME... _____

BEER STYLE... _____

LOCATION/EVENT... _____

PRICE... _____

ABV... _____

IBU... _____

RATING...

- ☐ DRAFT
- ☐ BOTTLE
- ☐ CAN
- ☐ GLASS
- ☐ OTHER

NOTES:

BREWERY... _____

BEER NAME... _____

BEER STYLE... _____

LOCATION/EVENT... _____

PRICE... _____

ABV... _____

IBU... _____

RATING...

- ☐ DRAFT
- ☐ BOTTLE
- ☐ CAN
- ☐ GLASS
- ☐ OTHER

NOTES:

BREWERY... _____

BEER NAME... _____

BEER STYLE... _____

LOCATION/EVENT... _____

PRICE... _____

ABV... _____

IBU... _____

RATING...

- ☐ DRAFT
- ☐ BOTTLE
- ☐ CAN
- ☐ GLASS
- ☐ OTHER

NOTES:

BREWERY... _____

BEER NAME... _____

BEER STYLE... _____

LOCATION/EVENT... _____

PRICE... _____

ABV... _____

IBU... _____

RATING...

☐ DRAFT

☐ BOTTLE

☐ CAN

☐ GLASS

☐ OTHER

NOTES:

BREWERY... _____

BEER NAME... _____

BEER STYLE... _____

LOCATION/EVENT... _____

PRICE... _____

ABV... _____

IBU... _____

RATING...

- ☐ DRAFT
- ☐ BOTTLE
- ☐ CAN
- ☐ GLASS
- ☐ OTHER

NOTES:

BREWERY... _____

BEER NAME... _____

BEER STYLE... _____

LOCATION/EVENT... _____

☐ DRAFT
☐ BOTTLE
☐ CAN
☐ GLASS
☐ OTHER

PRICE... _____

ABV... _____

IBU... _____

RATING...

NOTES:

BREWERY... _____

BEER NAME... _____

BEER STYLE... _____

LOCATION/EVENT... _____

PRICE... _____

ABV... _____

IBU... _____

RATING...

- ☐ DRAFT
- ☐ BOTTLE
- ☐ CAN
- ☐ GLASS
- ☐ OTHER

NOTES:

BREWERY... _____

BEER NAME... _____

BEER STYLE... _____

LOCATION/EVENT... _____

PRICE... _____

ABV... _____

IBU... _____

RATING...

- ☐ DRAFT
- ☐ BOTTLE
- ☐ CAN
- ☐ GLASS
- ☐ OTHER

NOTES:

BREWERY... _____

BEER NAME... _____

BEER STYLE... _____

LOCATION/EVENT... _____

PRICE... _____

ABV... _____

IBU... _____

RATING...

DRAFT

BOTTLE

CAN

GLASS

OTHER

NOTES:

BREWERY... _____

BEER NAME... _____

BEER STYLE... _____

LOCATION/EVENT... _____

PRICE... _____

ABV... _____

IBU... _____

RATING...

- ☐ DRAFT
- ☐ BOTTLE
- ☐ CAN
- ☐ GLASS
- ☐ OTHER

NOTES:

BREWERY... _____

BEER NAME... _____

BEER STYLE... _____

LOCATION/EVENT... _____

PRICE... _____

ABV... _____

IBU... _____

RATING...

- ☐ DRAFT
- ☐ BOTTLE
- ☐ CAN
- ☐ GLASS
- ☐ OTHER

NOTES:

BREWERY... _____

BEER NAME... _____

BEER STYLE... _____

LOCATION/EVENT... _____

PRICE... _____

ABV... _____

IBU... _____

RATING...

- ☐ DRAFT
- ☐ BOTTLE
- ☐ CAN
- ☐ GLASS
- ☐ OTHER

NOTES:

BREWERY... _____

BEER NAME... _____

BEER STYLE... _____

LOCATION/EVENT... _____

PRICE... _____

ABV... _____

IBU... _____

RATING...

- [ ] DRAFT
- [ ] BOTTLE
- [ ] CAN
- [ ] GLASS
- [ ] OTHER

NOTES:

BREWERY... _____

BEER NAME... _____

BEER STYLE... _____

LOCATION/EVENT... _____

PRICE... _____

ABV... _____

IBU... _____

RATING...

- [ ] DRAFT
- [ ] BOTTLE
- [ ] CAN
- [ ] GLASS
- [ ] OTHER

NOTES:

BREWERY... _____

BEER NAME... _____

BEER STYLE... _____

LOCATION/EVENT... _____

PRICE... _____

ABV... _____

IBU... _____

RATING...

- ☐ DRAFT
- ☐ BOTTLE
- ☐ CAN
- ☐ GLASS
- ☐ OTHER

NOTES:

BREWERY... _____

BEER NAME... _____

BEER STYLE... _____

LOCATION/EVENT... _____

DRAFT

BOTTLE

CAN

GLASS

OTHER

PRICE... _____

ABV... _____

IBU... _____

RATING...

NOTES:

BREWERY... _____

BEER NAME... _____

BEER STYLE... _____

LOCATION/EVENT... _____

- ☐ DRAFT
- ☐ BOTTLE
- ☐ CAN
- ☐ GLASS
- ☐ OTHER

PRICE... _____

ABV... _____

IBU... _____

RATING...

NOTES:

BREWERY... _____

BEER NAME... _____

BEER STYLE... _____

LOCATION/EVENT... _____

PRICE... _____

ABV... _____

IBU... _____

RATING...

- ☐ DRAFT
- ☐ BOTTLE
- ☐ CAN
- ☐ GLASS
- ☐ OTHER

NOTES:

BREWERY... _____

BEER NAME... _____

BEER STYLE... _____

LOCATION/EVENT... _____

PRICE... _____

ABV... _____

IBU... _____

RATING...

DRAFT

BOTTLE

CAN

GLASS

OTHER

NOTES:

BREWERY... _____

BEER NAME... _____

BEER STYLE... _____

LOCATION/EVENT... _____

PRICE... _____

ABV... _____

IBU... _____

RATING...

- [ ] DRAFT
- [ ] BOTTLE
- [ ] CAN
- [ ] GLASS
- [ ] OTHER

NOTES:

BREWERY... _____

BEER NAME... _____

BEER STYLE... _____

LOCATION/EVENT... _____

PRICE... _____

ABV... _____

IBU... _____

RATING...

- [ ] DRAFT
- [ ] BOTTLE
- [ ] CAN
- [ ] GLASS
- [ ] OTHER

NOTES:

BREWERY... _____

BEER NAME... _____

BEER STYLE... _____

LOCATION/EVENT... _____

- [ ] DRAFT
- [ ] BOTTLE
- [ ] CAN
- [ ] GLASS
- [ ] OTHER

PRICE... _____

ABV... _____

IBU... _____

RATING...

NOTES:

BREWERY... _____

BEER NAME... _____

BEER STYLE... _____

LOCATION/EVENT... _____

PRICE... _____

ABV... _____

IBU... _____

RATING...

- [ ] DRAFT
- [ ] BOTTLE
- [ ] CAN
- [ ] GLASS
- [ ] OTHER

NOTES:

BREWERY... _____

BEER NAME... _____

BEER STYLE... _____

LOCATION/EVENT... _____

☐ DRAFT

☐ BOTTLE

☐ CAN

☐ GLASS

☐ OTHER

PRICE... _____

ABV... _____

IBU... _____

RATING...

NOTES:

BREWERY... _____

BEER NAME... _____

BEER STYLE... _____

LOCATION/EVENT... _____

PRICE... _____

ABV... _____

IBU... _____

RATING...

- [ ] DRAFT
- [ ] BOTTLE
- [ ] CAN
- [ ] GLASS
- [ ] OTHER

NOTES:

BREWERY... _____

BEER NAME... _____

BEER STYLE... _____

LOCATION/EVENT... _____

PRICE... _____

ABV... _____

IBU... _____

RATING...

- ☐ DRAFT
- ☐ BOTTLE
- ☐ CAN
- ☐ GLASS
- ☐ OTHER

NOTES:

BREWERY... _____

BEER NAME... _____

BEER STYLE... _____

LOCATION/EVENT... _____

☐ DRAFT

☐ BOTTLE

☐ CAN

☐ GLASS

☐ OTHER

PRICE... _____

ABV... _____

IBU... _____

RATING...

NOTES:

BREWERY... _____

BEER NAME... _____

BEER STYLE... _____

LOCATION/EVENT... _____

PRICE... _____

ABV... _____

IBU... _____

RATING...

- ☐ DRAFT
- ☐ BOTTLE
- ☐ CAN
- ☐ GLASS
- ☐ OTHER

NOTES:

BREWERY... _____

BEER NAME... _____

BEER STYLE... _____

LOCATION/EVENT... _____

PRICE... _____

ABV... _____

IBU... _____

RATING...

- ☐ DRAFT
- ☐ BOTTLE
- ☐ CAN
- ☐ GLASS
- ☐ OTHER

NOTES:

BREWERY... _____

BEER NAME... _____

BEER STYLE... _____

LOCATION/EVENT... _____

PRICE... _____

ABV... _____

IBU... _____

RATING...

- [ ] DRAFT
- [ ] BOTTLE
- [ ] CAN
- [ ] GLASS
- [ ] OTHER

NOTES:

BREWERY... _____
BEER NAME... _____
BEER STYLE... _____
LOCATION/EVENT... _____

PRICE... _____
ABV... _____
IBU... _____
RATING...

- ☐ DRAFT
- ☐ BOTTLE
- ☐ CAN
- ☐ GLASS
- ☐ OTHER

NOTES:

BREWERY... _____

BEER NAME... _____

BEER STYLE... _____

LOCATION/EVENT... _____

PRICE... _____

ABV... _____

IBU... _____

RATING...

- ☐ DRAFT
- ☐ BOTTLE
- ☐ CAN
- ☐ GLASS
- ☐ OTHER

NOTES:

BREWERY... _____

BEER NAME... _____

BEER STYLE... _____

LOCATION/EVENT... _____

PRICE... _____

ABV... _____

IBU... _____

RATING...

- ☐ DRAFT
- ☐ BOTTLE
- ☐ CAN
- ☐ GLASS
- ☐ OTHER

NOTES:

BREWERY... _____

BEER NAME... _____

BEER STYLE... _____

LOCATION/EVENT... _____

PRICE... _____

ABV... _____

IBU... _____

RATING...

- ☐ DRAFT
- ☐ BOTTLE
- ☐ CAN
- ☐ GLASS
- ☐ OTHER

NOTES:

BREWERY... _____

BEER NAME... _____

BEER STYLE... _____

LOCATION/EVENT... _____

PRICE... _____

ABV... _____

IBU... _____

RATING...

DRAFT

BOTTLE

CAN

GLASS

OTHER

NOTES:

BREWERY... _____

BEER NAME... _____

BEER STYLE... _____

LOCATION/EVENT... _____

PRICE... _____

ABV... _____

IBU... _____

RATING...

- [ ] DRAFT
- [ ] BOTTLE
- [ ] CAN
- [ ] GLASS
- [ ] OTHER

NOTES:

BREWERY... _____

BEER NAME... _____

BEER STYLE... _____

LOCATION/EVENT... _____

PRICE... _____

ABV... _____

IBU... _____

RATING...

- [ ] DRAFT
- [ ] BOTTLE
- [ ] CAN
- [ ] GLASS
- [ ] OTHER

NOTES:

BREWERY... _____

BEER NAME... _____

BEER STYLE... _____

LOCATION/EVENT... _____

PRICE... _____

ABV... _____

IBU... _____

RATING...

☐ DRAFT

☐ BOTTLE

☐ CAN

☐ GLASS

☐ OTHER

NOTES:

BREWERY... _____

BEER NAME... _____

BEER STYLE... _____

LOCATION/EVENT... _____

PRICE... _____

ABV... _____

IBU... _____

RATING...

- ☐ DRAFT
- ☐ BOTTLE
- ☐ CAN
- ☐ GLASS
- ☐ OTHER

NOTES:

BREWERY... _____

BEER NAME... _____

BEER STYLE... _____

LOCATION/EVENT... _____

- [ ] DRAFT
- [ ] BOTTLE
- [ ] CAN
- [ ] GLASS
- [ ] OTHER

PRICE... _____

ABV... _____

IBU... _____

RATING...

NOTES:

BREWERY... _____

BEER NAME... _____

BEER STYLE... _____

LOCATION/EVENT... _____

PRICE... _____

ABV... _____

IBU... _____

RATING...

- [ ] DRAFT
- [ ] BOTTLE
- [ ] CAN
- [ ] GLASS
- [ ] OTHER

NOTES:

BREWERY... _____

BEER NAME... _____

BEER STYLE... _____

LOCATION/EVENT... _____

PRICE... _____

ABV... _____

IBU... _____

RATING...

- [ ] DRAFT
- [ ] BOTTLE
- [ ] CAN
- [ ] GLASS
- [ ] OTHER

NOTES:

BREWERY... _____

BEER NAME... _____

BEER STYLE... _____

LOCATION/EVENT... _____

PRICE... _____

ABV... _____

IBU... _____

RATING...

DRAFT

BOTTLE

CAN

GLASS

OTHER

NOTES:

BREWERY... _____

BEER NAME... _____

BEER STYLE... _____

LOCATION/EVENT... _____

PRICE... _____

ABV... _____

IBU... _____

RATING...

- ☐ DRAFT
- ☐ BOTTLE
- ☐ CAN
- ☐ GLASS
- ☐ OTHER

NOTES:

BREWERY... _____

BEER NAME... _____

BEER STYLE... _____

LOCATION/EVENT... _____

PRICE... _____

ABV... _____

IBU... _____

RATING...

- [ ] DRAFT
- [ ] BOTTLE
- [ ] CAN
- [ ] GLASS
- [ ] OTHER

NOTES:

BREWERY... _____

BEER NAME... _____

BEER STYLE... _____

LOCATION/EVENT... _____

☐ DRAFT

☐ BOTTLE

☐ CAN

☐ GLASS

☐ OTHER

PRICE... _____

ABV... _____

IBU... _____

RATING...

NOTES:

BREWERY... _____

BEER NAME... _____

BEER STYLE... _____

LOCATION/EVENT... _____

PRICE... _____

ABV... _____

IBU... _____

RATING...

- ☐ DRAFT
- ☐ BOTTLE
- ☐ CAN
- ☐ GLASS
- ☐ OTHER

NOTES:

BREWERY... _____

BEER NAME... _____

BEER STYLE... _____

LOCATION/EVENT... _____

PRICE... _____

ABV... _____

IBU... _____

RATING...

- ☐ DRAFT
- ☐ BOTTLE
- ☐ CAN
- ☐ GLASS
- ☐ OTHER

NOTES:

BREWERY... _____

BEER NAME... _____

BEER STYLE... _____

LOCATION/EVENT... _____

PRICE... _____

ABV... _____

IBU... _____

RATING...

- ☐ DRAFT
- ☐ BOTTLE
- ☐ CAN
- ☐ GLASS
- ☐ OTHER

NOTES:

BREWERY... _____

BEER NAME... _____

BEER STYLE... _____

LOCATION/EVENT... _____

PRICE... _____

ABV... _____

IBU... _____

RATING...

- [ ] DRAFT
- [ ] BOTTLE
- [ ] CAN
- [ ] GLASS
- [ ] OTHER

NOTES:

BREWERY... _____

BEER NAME... _____

BEER STYLE... _____

LOCATION/EVENT... _____

PRICE... _____

ABV... _____

IBU... _____

RATING...

- ☐ DRAFT
- ☐ BOTTLE
- ☐ CAN
- ☐ GLASS
- ☐ OTHER

NOTES:

BREWERY... _____

BEER NAME... _____

BEER STYLE... _____

LOCATION/EVENT... _____

PRICE... _____

ABV... _____

IBU... _____

RATING...

- ☐ DRAFT
- ☐ BOTTLE
- ☐ CAN
- ☐ GLASS
- ☐ OTHER

NOTES:

BREWERY... _____
BEER NAME... _____
BEER STYLE... _____
LOCATION/EVENT... _____

- ☐ DRAFT
- ☐ BOTTLE
- ☐ CAN
- ☐ GLASS
- ☐ OTHER

PRICE... _____
ABV... _____
IBU... _____
RATING...

NOTES:

BREWERY... _____

BEER NAME... _____

BEER STYLE... _____

LOCATION/EVENT... _____

- ☐ DRAFT
- ☐ BOTTLE
- ☐ CAN
- ☐ GLASS
- ☐ OTHER

PRICE... _____

ABV... _____

IBU... _____

RATING...

NOTES:

BREWERY... _____

BEER NAME... _____

BEER STYLE... _____

LOCATION/EVENT... _____

PRICE... _____

ABV... _____

IBU... _____

RATING...

- [ ] DRAFT
- [ ] BOTTLE
- [ ] CAN
- [ ] GLASS
- [ ] OTHER

NOTES:

BREWERY... _____

BEER NAME... _____

BEER STYLE... _____

LOCATION/EVENT... _____

PRICE... _____

ABV... _____

IBU... _____

RATING...

- ☐ DRAFT
- ☐ BOTTLE
- ☐ CAN
- ☐ GLASS
- ☐ OTHER

NOTES:

BREWERY... _____

BEER NAME... _____

BEER STYLE... _____

LOCATION/EVENT... _____

PRICE... _____

ABV... _____

IBU... _____

RATING...

- ☐ DRAFT
- ☐ BOTTLE
- ☐ CAN
- ☐ GLASS
- ☐ OTHER

NOTES:

BREWERY... _____

BEER NAME... _____

BEER STYLE... _____

LOCATION/EVENT... _____

PRICE... _____

ABV... _____

IBU... _____

RATING...

- [ ] DRAFT
- [ ] BOTTLE
- [ ] CAN
- [ ] GLASS
- [ ] OTHER

NOTES:

BREWERY... _____

BEER NAME... _____

BEER STYLE... _____

LOCATION/EVENT... _____

PRICE... _____

ABV... _____

IBU... _____

- ☐ DRAFT
- ☐ BOTTLE
- ☐ CAN
- ☐ GLASS
- ☐ OTHER

RATING...

NOTES:

BREWERY... _____

BEER NAME... _____

BEER STYLE... _____

LOCATION/EVENT... _____

- [ ] DRAFT
- [ ] BOTTLE
- [ ] CAN
- [ ] GLASS
- [ ] OTHER

PRICE... _____

ABV... _____

IBU... _____

RATING...

NOTES:

BREWERY... _____

BEER NAME... _____

BEER STYLE... _____

LOCATION/EVENT... _____

PRICE... _____

ABV... _____

IBU... _____

RATING...

- ☐ DRAFT
- ☐ BOTTLE
- ☐ CAN
- ☐ GLASS
- ☐ OTHER

NOTES:

BREWERY... _____

BEER NAME... _____

BEER STYLE... _____

LOCATION/EVENT... _____

- [ ] DRAFT
- [ ] BOTTLE
- [ ] CAN
- [ ] GLASS
- [ ] OTHER

PRICE... _____

ABV... _____

IBU... _____

RATING...

NOTES:

BREWERY... _____

BEER NAME... _____

BEER STYLE... _____

LOCATION/EVENT... _____

PRICE... _____

ABV... _____

IBU... _____

RATING...

- ☐ DRAFT
- ☐ BOTTLE
- ☐ CAN
- ☐ GLASS
- ☐ OTHER

NOTES:

BREWERY... _____

BEER NAME... _____

BEER STYLE... _____

LOCATION/EVENT... _____

- [ ] DRAFT
- [ ] BOTTLE
- [ ] CAN
- [ ] GLASS
- [ ] OTHER

PRICE... _____

ABV... _____

IBU... _____

RATING...

NOTES:

BREWERY... _____

BEER NAME... _____

BEER STYLE... _____

LOCATION/EVENT... _____

- [ ] DRAFT
- [ ] BOTTLE
- [ ] CAN
- [ ] GLASS
- [ ] OTHER

PRICE... _____

ABV... _____

IBU... _____

RATING...

NOTES:

BREWERY... _____

BEER NAME... _____

BEER STYLE... _____

LOCATION/EVENT... _____

PRICE... _____

ABV... _____

IBU... _____

RATING...

- ☐ DRAFT
- ☐ BOTTLE
- ☐ CAN
- ☐ GLASS
- ☐ OTHER

NOTES:

BREWERY... _____

BEER NAME... _____

BEER STYLE... _____

LOCATION/EVENT... _____

- [ ] DRAFT
- [ ] BOTTLE
- [ ] CAN
- [ ] GLASS
- [ ] OTHER

PRICE... _____

ABV... _____

IBU... _____

RATING...

NOTES:

BREWERY... _____

BEER NAME... _____

BEER STYLE... _____

LOCATION/EVENT... _____

PRICE... _____

ABV... _____

IBU... _____

RATING...

☐ DRAFT

☐ BOTTLE

☐ CAN

☐ GLASS

☐ OTHER

NOTES:

BREWERY... _____

BEER NAME... _____

BEER STYLE... _____

LOCATION/EVENT... _____

PRICE... _____

ABV... _____

IBU... _____

RATING...

- ☐ DRAFT
- ☐ BOTTLE
- ☐ CAN
- ☐ GLASS
- ☐ OTHER

NOTES:

BREWERY... _____

BEER NAME... _____

BEER STYLE... _____

LOCATION/EVENT... _____

PRICE... _____

ABV... _____

IBU... _____

RATING...

- [ ] DRAFT
- [ ] BOTTLE
- [ ] CAN
- [ ] GLASS
- [ ] OTHER

NOTES:

BREWERY... _____

BEER NAME... _____

BEER STYLE... _____

LOCATION/EVENT... _____

PRICE... _____

ABV... _____

IBU... _____

RATING...

- [ ] DRAFT
- [ ] BOTTLE
- [ ] CAN
- [ ] GLASS
- [ ] OTHER

NOTES:

BREWERY... _____

BEER NAME... _____

BEER STYLE... _____

LOCATION/EVENT... _____

PRICE... _____

ABV... _____

IBU... _____

RATING...

- [ ] DRAFT
- [ ] BOTTLE
- [ ] CAN
- [ ] GLASS
- [ ] OTHER

NOTES:

BREWERY... _____

BEER NAME... _____

BEER STYLE... _____

LOCATION/EVENT... _____

PRICE... _____

ABV... _____

IBU... _____

RATING...

- [ ] DRAFT
- [ ] BOTTLE
- [ ] CAN
- [ ] GLASS
- [ ] OTHER

NOTES:

BREWERY... _____

BEER NAME... _____

BEER STYLE... _____

LOCATION/EVENT... _____

PRICE... _____

ABV... _____

IBU... _____

RATING...

- [ ] DRAFT
- [ ] BOTTLE
- [ ] CAN
- [ ] GLASS
- [ ] OTHER

NOTES:

BREWERY... _____

BEER NAME... _____

BEER STYLE... _____

LOCATION/EVENT... _____

PRICE... _____

ABV... _____

IBU... _____

RATING...

- ☐ DRAFT
- ☐ BOTTLE
- ☐ CAN
- ☐ GLASS
- ☐ OTHER

NOTES:

BREWERY... _____

BEER NAME... _____

BEER STYLE... _____

LOCATION/EVENT... _____

PRICE... _____

ABV... _____

IBU... _____

RATING...

- ☐ DRAFT
- ☐ BOTTLE
- ☐ CAN
- ☐ GLASS
- ☐ OTHER

NOTES:

BREWERY... _____

BEER NAME... _____

BEER STYLE... _____

LOCATION/EVENT... _____

PRICE... _____

ABV... _____

IBU... _____

RATING...

- [ ] DRAFT
- [ ] BOTTLE
- [ ] CAN
- [ ] GLASS
- [ ] OTHER

NOTES:

BREWERY... _____

BEER NAME... _____

BEER STYLE... _____

LOCATION/EVENT... _____

PRICE... _____

ABV... _____

IBU... _____

RATING...

- ☐ DRAFT
- ☐ BOTTLE
- ☐ CAN
- ☐ GLASS
- ☐ OTHER

NOTES:

BREWERY... _____

BEER NAME... _____

BEER STYLE... _____

LOCATION/EVENT... _____

- [ ] DRAFT
- [ ] BOTTLE
- [ ] CAN
- [ ] GLASS
- [ ] OTHER

PRICE... _____

ABV... _____

IBU... _____

RATING...

NOTES:

BREWERY... _____

BEER NAME... _____

BEER STYLE... _____

LOCATION/EVENT... _____

PRICE... _____

ABV... _____

IBU... _____

RATING...

- [ ] DRAFT
- [ ] BOTTLE
- [ ] CAN
- [ ] GLASS
- [ ] OTHER

NOTES:

BREWERY... _____

BEER NAME... _____

BEER STYLE... _____

LOCATION/EVENT... _____

PRICE... _____

ABV... _____

IBU... _____

RATING...

- ☐ DRAFT
- ☐ BOTTLE
- ☐ CAN
- ☐ GLASS
- ☐ OTHER

NOTES:

BREWERY... _____

BEER NAME... _____

BEER STYLE... _____

LOCATION/EVENT... _____

PRICE... _____

ABV... _____

IBU... _____

RATING...

- [ ] DRAFT
- [ ] BOTTLE
- [ ] CAN
- [ ] GLASS
- [ ] OTHER

NOTES:

BREWERY... _____

BEER NAME... _____

BEER STYLE... _____

LOCATION/EVENT... _____

PRICE... _____

ABV... _____

IBU... _____

RATING...

- [ ] DRAFT
- [ ] BOTTLE
- [ ] CAN
- [ ] GLASS
- [ ] OTHER

NOTES:

BREWERY... _____

BEER NAME... _____

BEER STYLE... _____

LOCATION/EVENT... _____

PRICE... _____

ABV... _____

IBU... _____

RATING...

- ☐ DRAFT
- ☐ BOTTLE
- ☐ CAN
- ☐ GLASS
- ☐ OTHER

NOTES:

BREWERY... _____

BEER NAME... _____

BEER STYLE... _____

LOCATION/EVENT... _____

PRICE... _____

ABV... _____

IBU... _____

RATING...

- [ ] DRAFT
- [ ] BOTTLE
- [ ] CAN
- [ ] GLASS
- [ ] OTHER

NOTES:

BREWERY... _____

BEER NAME... _____

BEER STYLE... _____

LOCATION/EVENT... _____

PRICE... _____

ABV... _____

IBU... _____

RATING...

- ☐ DRAFT
- ☐ BOTTLE
- ☐ CAN
- ☐ GLASS
- ☐ OTHER

NOTES:

BREWERY... _____

BEER NAME... _____

BEER STYLE... _____

LOCATION/EVENT... _____

- [ ] DRAFT
- [ ] BOTTLE
- [ ] CAN
- [ ] GLASS
- [ ] OTHER

PRICE... _____

ABV... _____

IBU... _____

RATING...

NOTES:

BREWERY... _____
BEER NAME... _____
BEER STYLE... _____
LOCATION/EVENT... _____

- ☐ DRAFT
- ☐ BOTTLE
- ☐ CAN
- ☐ GLASS
- ☐ OTHER

PRICE... _____
ABV... _____
IBU... _____
RATING...

NOTES:

BREWERY... _____

BEER NAME... _____

BEER STYLE... _____

LOCATION/EVENT... _____

PRICE... _____

ABV... _____

IBU... _____

RATING...

- [ ] DRAFT
- [ ] BOTTLE
- [ ] CAN
- [ ] GLASS
- [ ] OTHER

NOTES:

BREWERY... _____

BEER NAME... _____

BEER STYLE... _____

LOCATION/EVENT... _____

PRICE... _____

ABV... _____

IBU... _____

RATING...

- [ ] DRAFT
- [ ] BOTTLE
- [ ] CAN
- [ ] GLASS
- [ ] OTHER

NOTES:

BREWERY... _____

BEER NAME... _____

BEER STYLE... _____

LOCATION/EVENT... _____

PRICE... _____

ABV... _____

IBU... _____

RATING...

- ☐ DRAFT
- ☐ BOTTLE
- ☐ CAN
- ☐ GLASS
- ☐ OTHER

NOTES:

BREWERY... _____

BEER NAME... _____

BEER STYLE... _____

LOCATION/EVENT... _____

PRICE... _____

ABV... _____

IBU... _____

RATING...

- ☐ DRAFT
- ☐ BOTTLE
- ☐ CAN
- ☐ GLASS
- ☐ OTHER

NOTES:

BREWERY... _____

BEER NAME... _____

BEER STYLE... _____

LOCATION/EVENT... _____

PRICE... _____

ABV... _____

IBU... _____

RATING...

- ☐ DRAFT
- ☐ BOTTLE
- ☐ CAN
- ☐ GLASS
- ☐ OTHER

NOTES:

BREWERY... _____

BEER NAME... _____

BEER STYLE... _____

LOCATION/EVENT... _____

☐ DRAFT

☐ BOTTLE

☐ CAN

☐ GLASS

☐ OTHER

PRICE... _____

ABV... _____

IBU... _____

RATING...

NOTES:

BREWERY... _____

BEER NAME... _____

BEER STYLE... _____

LOCATION/EVENT... _____

PRICE... _____

ABV... _____

IBU... _____

RATING...

- ☐ DRAFT
- ☐ BOTTLE
- ☐ CAN
- ☐ GLASS
- ☐ OTHER

NOTES:

BREWERY... _____

BEER NAME... _____

BEER STYLE... _____

LOCATION/EVENT... _____

☐ DRAFT

☐ BOTTLE

☐ CAN

☐ GLASS

☐ OTHER

PRICE... _____

ABV... _____

IBU... _____

RATING...

NOTES:

BREWERY... _____

BEER NAME... _____

BEER STYLE... _____

LOCATION/EVENT... _____

PRICE... _____

ABV... _____

IBU... _____

RATING...

- ☐ DRAFT
- ☐ BOTTLE
- ☐ CAN
- ☐ GLASS
- ☐ OTHER

NOTES:

BREWERY... _____

BEER NAME... _____

BEER STYLE... _____

LOCATION/EVENT... _____

PRICE... _____

ABV... _____

IBU... _____

RATING...

- ☐ DRAFT
- ☐ BOTTLE
- ☐ CAN
- ☐ GLASS
- ☐ OTHER

NOTES:

BREWERY... _____

BEER NAME... _____

BEER STYLE... _____

LOCATION/EVENT... _____

PRICE... _____

ABV... _____

IBU... _____

RATING...

- [ ] DRAFT
- [ ] BOTTLE
- [ ] CAN
- [ ] GLASS
- [ ] OTHER

NOTES:

BREWERY... _____

BEER NAME... _____

BEER STYLE... _____

LOCATION/EVENT... _____

- ☐ DRAFT
- ☐ BOTTLE
- ☐ CAN
- ☐ GLASS
- ☐ OTHER

PRICE... _____

ABV... _____

IBU... _____

RATING...

NOTES:

BREWERY... _____

BEER NAME... _____

BEER STYLE... _____

LOCATION/EVENT... _____

- [ ] DRAFT
- [ ] BOTTLE
- [ ] CAN
- [ ] GLASS
- [ ] OTHER

PRICE... _____

ABV... _____

IBU... _____

RATING...

NOTES:

BREWERY... _____
BEER NAME... _____
BEER STYLE... _____
LOCATION/EVENT... _____

☐ DRAFT
☐ BOTTLE
☐ CAN
☐ GLASS
☐ OTHER

PRICE... _____
ABV... _____
IBU... _____
RATING...

NOTES:

BREWERY... _____

BEER NAME... _____

BEER STYLE... _____

LOCATION/EVENT... _____

PRICE... _____

ABV... _____

IBU... _____

RATING...

- ☐ DRAFT
- ☐ BOTTLE
- ☐ CAN
- ☐ GLASS
- ☐ OTHER

NOTES:

BREWERY... _____

BEER NAME... _____

BEER STYLE... _____

LOCATION/EVENT... _____

PRICE... _____

ABV... _____

IBU... _____

RATING...

☐ DRAFT

☐ BOTTLE

☐ CAN

☐ GLASS

☐ OTHER

NOTES:

BREWERY... _____

BEER NAME... _____

BEER STYLE... _____

LOCATION/EVENT... _____

PRICE... _____

ABV... _____

IBU... _____

RATING...

- [ ] DRAFT
- [ ] BOTTLE
- [ ] CAN
- [ ] GLASS
- [ ] OTHER

NOTES:

BREWERY... _____

BEER NAME... _____

BEER STYLE... _____

LOCATION/EVENT... _____

PRICE... _____

ABV... _____

IBU... _____

RATING...

- [ ] DRAFT
- [ ] BOTTLE
- [ ] CAN
- [ ] GLASS
- [ ] OTHER

NOTES:

BREWERY... _____

BEER NAME... _____

BEER STYLE... _____

LOCATION/EVENT... _____

PRICE... _____

ABV... _____

IBU... _____

RATING...

- ☐ DRAFT
- ☐ BOTTLE
- ☐ CAN
- ☐ GLASS
- ☐ OTHER

NOTES:

BREWERY... _____

BEER NAME... _____

BEER STYLE... _____

LOCATION/EVENT... _____

PRICE... _____

ABV... _____

IBU... _____

RATING...

- ☐ DRAFT
- ☐ BOTTLE
- ☐ CAN
- ☐ GLASS
- ☐ OTHER

NOTES:

BREWERY... _____

BEER NAME... _____

BEER STYLE... _____

LOCATION/EVENT... _____

☐ DRAFT

☐ BOTTLE

☐ CAN

☐ GLASS

☐ OTHER

PRICE... _____

ABV... _____

IBU... _____

RATING...

NOTES:

BREWERY... _____

BEER NAME... _____

BEER STYLE... _____

LOCATION/EVENT... _____

PRICE... _____

ABV... _____

IBU... _____

RATING...

- ☐ DRAFT
- ☐ BOTTLE
- ☐ CAN
- ☐ GLASS
- ☐ OTHER

NOTES:

BREWERY... _____

BEER NAME... _____

BEER STYLE... _____

LOCATION/EVENT... _____

PRICE... _____

ABV... _____

IBU... _____

RATING...

- ☐ DRAFT
- ☐ BOTTLE
- ☐ CAN
- ☐ GLASS
- ☐ OTHER

NOTES:

BREWERY... _____

BEER NAME... _____

BEER STYLE... _____

LOCATION/EVENT... _____

PRICE... _____

ABV... _____

IBU... _____

RATING...

- ☐ DRAFT
- ☐ BOTTLE
- ☐ CAN
- ☐ GLASS
- ☐ OTHER

NOTES:

Manufactured by Amazon.ca
Bolton, ON